KARL SEIDL

OSTTIROL

KARL SEIDL

OSTTIROL

ALPINE WILDNIS –
ZEITLOSE SCHÖNHEIT

mit Texten von Bernd Lenzer

TYROLIA-VERLAG · INNSBRUCK-WIEN

INHALT

VORWORT

ICH liebe es zu reisen und die Naturschätze der Erde in meinen Bildern festzuhalten und zu interpretieren. Dabei haben es mir vor allem die Bergwelten angetan, da gehören die Gebirge Skandinaviens genauso dazu wie die Alpen, der Himalaya, der Kilimanjaro, die Sierra Nevada, die Appalachian Mountains und die Rocky Mountains. Um ein Gebirge aber fotografisch durchdringen zu können, muss man immer wieder zu allen Tages- und Jahreszeiten vor Ort sein. Deshalb waren meine ersten Projekte der Nationalpark Bayerischer Wald und der Nationalpark Berchtesgaden, da sie am schnellsten von meinem Wohnort in Bayern erreichbar sind.

Den winterlichen Bayerischen Wald habe ich mit Schneeschuhen durchforstet, die Fotografie in den Berchtesgadener Bergen hat mich zum Skitourengeher werden lassen. Danach sollten Kletter- und Hochtouren dazukommen und es mussten höhere Berge werden, da hat sich der Nationalpark Hohe Tauern angeboten. Ich war schon ein paar Jahre fotografisch in diesem Gebiet der Ostalpen unterwegs, als sich eine Gelegenheit bot, in Matrei in Osttirol, umgeben vom Nationalpark, einen Ferienwohnsitz anzumelden. Das liegt jetzt schon ca. zehn Jahre zurück und seitdem hat sich Osttirol für mich nicht nur zu einem weiteren Fotogebiet entwickelt, sondern zu einer zweiten Heimat. Ein Drittel des Jahres bin ich dort zum Fotografieren, aber auch zum Wandern, zum Klettern und zum Skitourengehen.

Mehr als hunderttausendmal hat meine Kamera ausgelöst, um dort ein Bild der faszinierenden Natur festzuhalten. Im Winter sind es die Schnee- und Eiswelten, die mich fesseln, im Frühling freue ich mich schon auf die Frühblüher und auf die bunten Blumenwiesen. Das Farbenspektakel der Blüten wandert dann mit jeder Woche weiter in die Höhe und erreicht auch die Grasmatten des Hochgebirges. Die Wasserfälle schwellen jetzt durch das Schmelzwasser der verbliebenen Schneefelder und Gletscher an. Der Sommer ist ideal für Klettertouren und Fotoausflüge in den Felslandschaften, wo man die jungen Familien der Gämsen und Steinböcke beobachten kann. Der Herbst wiederum lässt mit der Farbenpracht der Laub- und Lärchenwälder das Herz eines jeden Fotografen höherschlagen.

Es sind aber nicht nur die Naturschätze Osttirols, die mich dazu bringen, es als meine zweite Heimat zu sehen, es sind vor allem auch die Menschen. Mit allen im Ort ist man gleich per Du, alle sind hilfsbereit und liebenswürdig.

Und deshalb zeige ich in diesem Bildband die faszinierende Natur Osttirols und erzähle von den Freundschaften zu den Osttirolern, die ich kennenlernen durfte.

Karl Seidl

WIESEN

LANDSCHAFTEN

ES ist mit nichts zu vergleichen. Dieses einzigartige Gefühl, das einen erfüllt, wenn man in Osttirol am frühen Morgen zu einer Wanderung aufbricht. Die Luft ist klar. Das Licht der aufgehenden Sonne krönt die Gipfel der höchsten Berge und die unzähligen Tautropfen, die sich über Nacht auf den sattgrünen, breitblättrigen Pflanzen gebildet haben, sorgen dafür, dass sich die Ränder der ledernen Bergschuhe bei jedem Schritt ein wenig dunkler färben.

Immer wieder spürt man, wie einem vereinzelte, feuchte Grashalme über die nackten Waden streicheln. Die Luft, aromatisch bereichert vom Duft von Lärchen und Fichten, füllt die Lunge mit Sauerstoff. Und während man, begleitet vom Gesang der heimischen Vögel, das schattenspendende Waldstück hinter sich lässt, um die Welt der Almwiesen zu betreten, empfangen einen dort nicht nur die wärmenden Strahlen der Sonne, sondern auch viele tanzende Schmetterlinge. Wie Gaukler der Lüfte flattern sie zwischen bunten, duftenden Blumen umher, die an den Berghängen aufgrund der regelmäßigen Mahd prächtig gedeihen.

Nur selten fühlt man sich dem Garten Eden näher. Ein großer Stein, einsamer Zeuge eines früheren Felssturzes, bietet sich als ideale Sitzgelegenheit an. Die ersten Sonnenstrahlen haben ihn bereits aufgewärmt.

Und so sitzt man nun da. Den Rucksack neben sich an den Stein gelehnt. Ein Stück Brot in der einen Hand, ein Stück Käse oder Speck in der anderen. Die Ruhe, die sich hier bietet, ist wahrhaft paradiesisch. Einzig das entfernte Läuten vereinzelter Kuhglocken sowie das Summen und Zirpen der Insekten ist zu hören. Umrahmt wird die atemberaubend schöne Naturkulisse von erhabenen, zerklüfteten und gletscherbedeckten Dreitausendern und grasbewachsenen niedrigeren Gipfeln.

Doch nicht nur die Fernsicht zahlt sich aus, auch ein genauer Blick auf die unmittelbare Umgebung lohnt sich. Denn hier, auf den hochalpinen Wiesen, kann man nicht nur Alpensalamander, Rehe, Füchse und Gämsen erspähen, sondern auch Bären, Katzen und Affen.

Bären, Katzen und Affen? Ja, tatsächlich. Was im ersten Moment geradezu unglaublich klingt, leuchtet nach kurzer Aufklärung aber schnell ein: So nennen die Jäger nämlich die männlichen, weiblichen und jungen Murmeltiere. Sie sind auch verantwortlich für die lautstarken Pfiffe, die man bei einer Wanderung oft hört. In der Regel sind die „Murmelen" recht scheu und verschwinden sofort, wenn sie irgendwas entdecken, was ihnen gefährlich werden könnte. Ihre Pfiffe, die eigentlich sehr schrille Schreie sind, helfen ihnen dabei. Schreit ein Murmeltier mehrfach, dann bedeutet das, dass ihnen vom

Boden aus Gefahr droht. Ertönt nur ein langgezogener Pfiff, muss das Versteck schnell aufgesucht werden, da Gefahr aus der Luft droht. Sechs Monate im Jahr bleibt ihnen diese Aufregung jedoch erspart, da sie von Anfang Oktober bis Ende März Winterschlaf halten. Dabei bewegt sich ihre Körpertemperatur zwischen 3 und 5 Grad und das Herz schlägt nur dreimal in der Minute. Alle paar Minuten folgt ein Atemzug.

Wesentlich schweißtreibender ist die Arbeit der Bergbauern, welche die Flächen in den Hochlagen bewirtschaften. Erst durch sie entsteht die farbenprächtige Blumenvielfalt, wie beispielsweise in den Sajatmähdern in Prägraten am Großvenediger. Durch das regelmäßige Mähen verbrachen die Wiesen nicht, sondern bieten Blütenpflanzen erst den Raum zur Entfaltung. Ein Vergnügen ist die Arbeit an den steilen Hängen jedoch nicht, sondern erfordert von den Bauern Geschick, Kraft und Sachverstand. Nicht selten verwenden die Mäher bei ihrer Tätigkeit Steigeisen oder sind angeseilt, weil ihnen sonst der Halt fehlt.

Doch das Ergebnis ist atemberaubend: So wachsen auf wenigen Quadratmetern beeindruckende „Blumenkönige" wie der rötlich schimmernde Türkenbund, dessen Blüte die Form eines osmanischen Turbans besitzt und der Pflanze ihren Namen gibt, oder der gelb leuchtende Frauenschuh in Form eines hölzernen Pantoffels. Der Enzian und die Bärtige Glockenblume erweitern durch ihr Blau das Farbangebot zusätzlich. Genauso wie die rote Feuerlilie, die rosa Lichtnelke und unterschiedliche Knabenkräuter, die ihren Namen ihrer Wurzel verdanken, die einem Teil des männlichen Geschlechts ähnelt.

Geschätzt wurden die Pflanzen der Berge jedoch nicht nur wegen ihrer Schönheit, sondern auch aus praktischen Gründen. Noch heute sammeln viele Menschen Arnika, da der gelbblütigen Pflanze heilsame Wirkung bei rheumatischen Beschwerden nachgesagt wird. Allerdings muss man beim Sammeln dieser Pflanze Acht geben, denn sie ist teilweise geschützt. Das bedeutet, dass nur so viele gepflückt werden dürfen, dass der Weiterbestand der Pflanze an dem jeweiligen Standort nicht gefährdet ist. Das gilt auch für den blauen Eisenhut, den man aber ohnehin nicht pflücken sollte, da er hochgradig giftig ist.

Natürlich findet man auf Osttirols Berghängen auch die prominentesten Vertreter der Bergflora wie beispielsweise das Edelweiß oder die Alpenrosen. Auch die Sumpfdotterblumen, die in der Nähe von Quellen wurzeln, Küchenschellen, das Goldfingerkraut, die Kratzdistel und der Wiesenknöterich kommen hier reichlich vor. Man muss sich nur die Zeit nehmen, um den Blick schweifen zu lassen, denn trotz aller Abgeschiedenheit – einsam ist das Leben auf den Bergwiesen Osttirols in keiner Weise.

Seite 8/9: Gämsen am Fuße des Medelzkopfes
Seite 10: Bergwiese bei Prossegg mit Lichtnelken
Seite 13: Trollblumen am Hintereggerkogel
Seite 14/15: Tannenwiese bei Kartitsch in voller Blütenpracht
Seite 16: Sumpfdotterblume in der Tannenwiese

Oben: Gartenlaubkäfer auf einer Bergwiese am Cimarossa
Krokus mit blauviolettem Käfer der Gattung Orerina im Umbaltal
Alpensalamander in den Sajatmähdern hoch über Prägraten
Rechts: Tannenwiese bei Kartitsch mit Wiesenknöterich und Kuckuckslichtnelken

Links: Junges Murmeltier
Unten: Tautropfen an den Gräsern der Bergwiese
Wollgras in der Nähe des Salzbodensees

Seite 22/23: Wiesenflanken des Hintereggerkogels bei Matrei
Seite 24/25: Greiwiesen unter dem Figerhorn

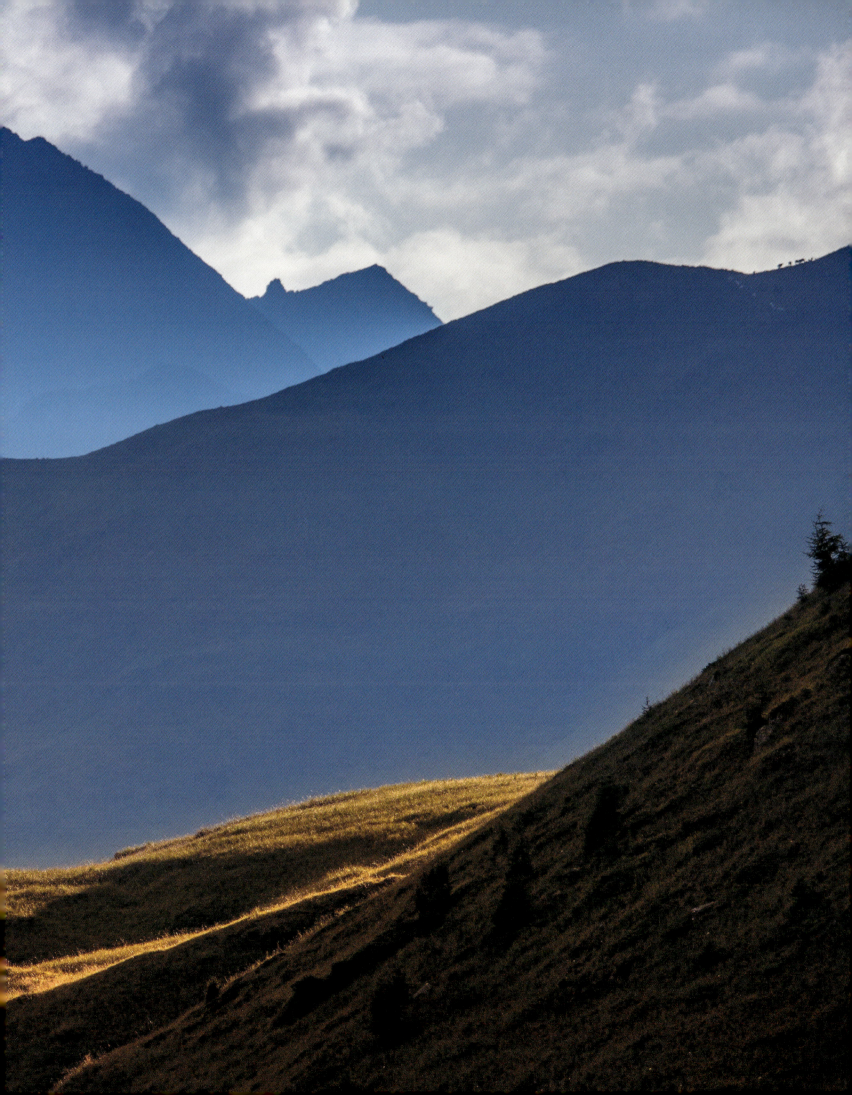

Oben: Küchenschelle mit Großglockner im Hintergrund
Unten: Stengelloser Enzian im Ködnitztal
Alpen-Kuhschelle mit Greiwiesen im Hintergrund

Oben: Arnika am Salzbodensee, im Hintergrund die Schwarze Wand und der Großvenediger
Unten: Krokus in der Nähe der Glorerhütte
        Edelweiß zur Blütezeit

Oben: Alpenwaldrebe im Dorfertal
           Knabenkraut am Kalserbach
           Edelweiß unter dem Medelzkopf
Rechts: Blumenwiese, im Hintergrund der Ochsenbug

Oben: Murmeltiere im Streitgespräch
Unten: Fuchs auf Beutefang
            Zwei ältere Steinböcke

Oben: Junge Steinböcke am Fuße des Großglockners
Unten: Reh im Gschlösstal in der Nähe des Ochsnerwaldweges
         Gamsbock bei Innergschlöss

Seite 32/33: Blumenwiese bei Kals mit Kendlspitze im Hintergrund
Seite 34/35: Steinbock auf der Nordseite des Großglockners
Seite 38/39: Blick von der Nationalpark-Infostelle im Glocknerwinkel

DAS LICHT IN DEN BERGEN – ANTONIA MUIGG

IN der Naturfotografie gibt es ein bekanntes Erfolgsrezept und das heißt: früh aufstehen und lange draußen bleiben. Der Grund dafür ist nicht primär, dass man bei längerem Aufenthalt in der Natur auch mehr Möglichkeiten für schöne Bilder präsentiert bekommt, obwohl das auch der Fall ist, sondern es geht um das vorherrschende Licht am Morgen und am Abend. Die Sonnenstrahlen haben in den Morgen- und Abendstunden einen längeren Weg durch den Dunst der Atmosphäre, deshalb wird das blaue Licht stärker ausgefiltert und übrig bleibt rötlicheres, wärmeres Licht. Landschaftsbilder sind eben nicht ein Abbild der Landschaft, sondern ein Abbild der Lichtsituation in der Landschaft. Zum Fotografieren starte ich deshalb sehr oft ganz in der Früh oder besser gesagt noch in der Nacht. Ein Ausgangspunkt ist dabei häufig das Lucknerhaus. Dort gibt es einen großen Parkplatz, von dem aus viele Wanderer in Richtung Lucknerhütte und Stüdlhütte oder auch zur Glorerhütte aufbrechen. Dort gibt es auch ein Nationalparkinformationsgebäude und an schönen Tagen, wenn viele Touristen ankommen, gibt es einen besonderen Service. Es ist jemand vom Nationalpark dort und stellt Spektive auf und richtet sie auf Murmeltiere, Gämsen oder Steinböcke oder auch auf den Gipfel des Glockners. Die ankommenden Touristen schauen dann durch die Spektive und haben damit die einfache Möglichkeit, Tiere zu beobachten, die dem ungeschulten Auge sicherlich entgangen wären. Der anwesende Nationalparkmitarbeiter erklärt dazu Fauna und Flora. Eine der Senior Rangerinnen ist Antonia Muigg und ich freue mich immer, wenn ich am Vormittag von meiner Fototour zurückkomme, Antonia zu treffen und dort auf einen Espresso eingeladen zu werden, der nach einer Bergtour noch besser schmeckt als sonst. Häufiges Gesprächsthema sind dabei die faszinierenden Tiersichtungen des Tages.

Karl Seidl

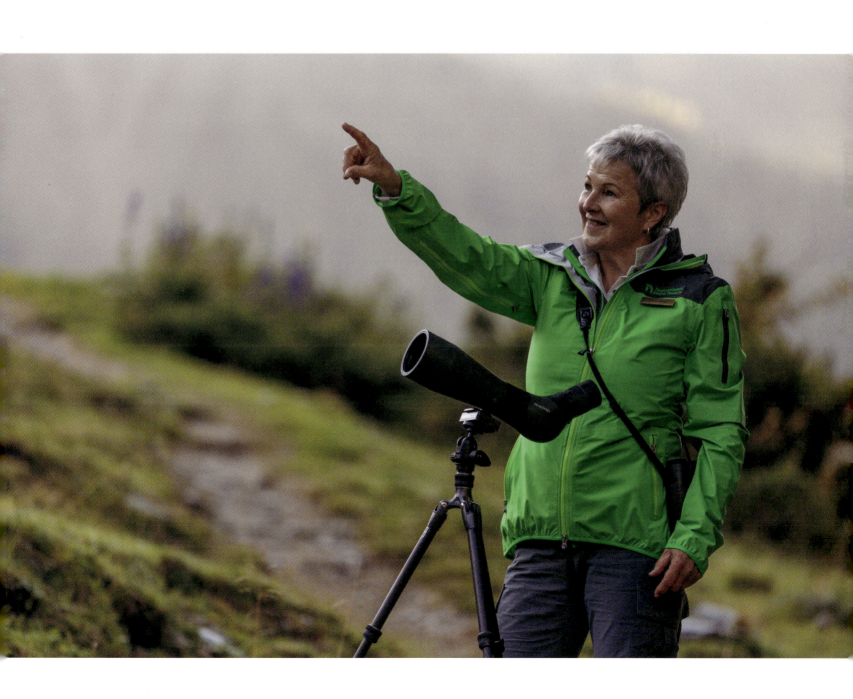

WEGE DES
WASSERS

ES hört sich magisch an. Und in gewisser Weise ist es das auch, wenn man vor dem wunderschönen, weißblauen Gletschertor des Umbalkees auf 2400 Metern Seehöhe steht. An diesem Platz, dem „Geburtsort" der Isel, kann nämlich jeder Besucher in die Vergangenheit eintauchen. Und zwar im wahrsten Sinne des Wortes: Das Wasser des Flusses, der auf seiner 57 Kilometer langen Reise durch Osttirol 1700 Höhenmeter überwindet und 48 Zuflüsse in sich aufnimmt, ehe er in Lienz in die Drau einmündet, fiel nämlich schon vor hunderten von Jahren als Schnee vom Himmel. Möglicherweise 1492, als Christoph Kolumbus Amerika entdeckte, oder im Oktober 1511, als der unvergessliche Kaiser Maximilian I. in Lienz bei der Schaffung eines Grabmonuments selbst zu Hammer und Meißel griff.

Schon damals trug die Isel ihren Namen. Zurückzuführen ist er auf die keltischen Stämme, die in der Antike Osttirol besiedelten. Sie nannten das tosende Gewässer „Ys", was so viel wie „schnell" oder „reißend" bedeutet. Das trifft vor allem in den heißen Sommermonaten zu. Zwischen Juni und August fließen drei Viertel der gesamten Jahresmenge des Gletscherflusses ab.

Das bestätigten Messungen an den Umbalfällen in Prägraten am Großvenediger – dort verläuft der erste Wasserschaupfad der Alpen. Während im Winter überschaubare 270 Liter Wasser in der Sekunde über den felsigen Untergrund abfließen, donnern im Hochsommer unglaubliche 8000 Liter pro Sekunde ins Tal.

Ausschlaggebend dafür ist die Sonneneinstrahlung, die den Gletscher verstärkt abschmelzen lässt. Warm wird das Wasser dadurch jedoch nicht. Zwischen 4 und 8 Grad Celsius zeigt das Thermometer an. Für zahlreiche Fliegenlarven, die unterhalb der Bachsteine ihr Dasein genießen, und verschiedene Vogelarten wie Wasseramsel, Bachstelze oder Grünschenkel ein wahres Paradies. Genauso wie für viele andere Vögel, die in den Bäumen und Sträuchern rund um das Wasseridyll nisten.

Doch nicht nur die pulsierende Wasserführung macht aus der Isel einen Fluss mit vielen Gesichtern. Auch die Farbe variiert. Während an heißen Sommertagen das Gesteinsmaterial transportierende Schmelzwasser, die sogenannte Gletschermilch, den Bach gelblich grau färbt, präsentiert sich die Isel bei kühlerer Witterung kristallklar, an tieferen Stellen oft sogar türkisfarben. Genauso verhält es sich auch bei allen anderen Bächen, die von Gletschern gespeist werden.

Im Gegensatz dazu ist das Wasser der Gebirgsbäche das ganze Jahr über glasklar, sogar während der Schneeschmelze im Frühjahr, durch die kleine Rinnsale plötzlich zu beeindruckenden Wildbächen anschwellen. Wenn auch nur vorübergehend. Ein weiterer Unterschied zum Gletscherbach ist die etwas höhere Temperatur. Von „warm" kann man bei 8 bis 12 Grad Celsius aber trotzdem nicht sprechen.

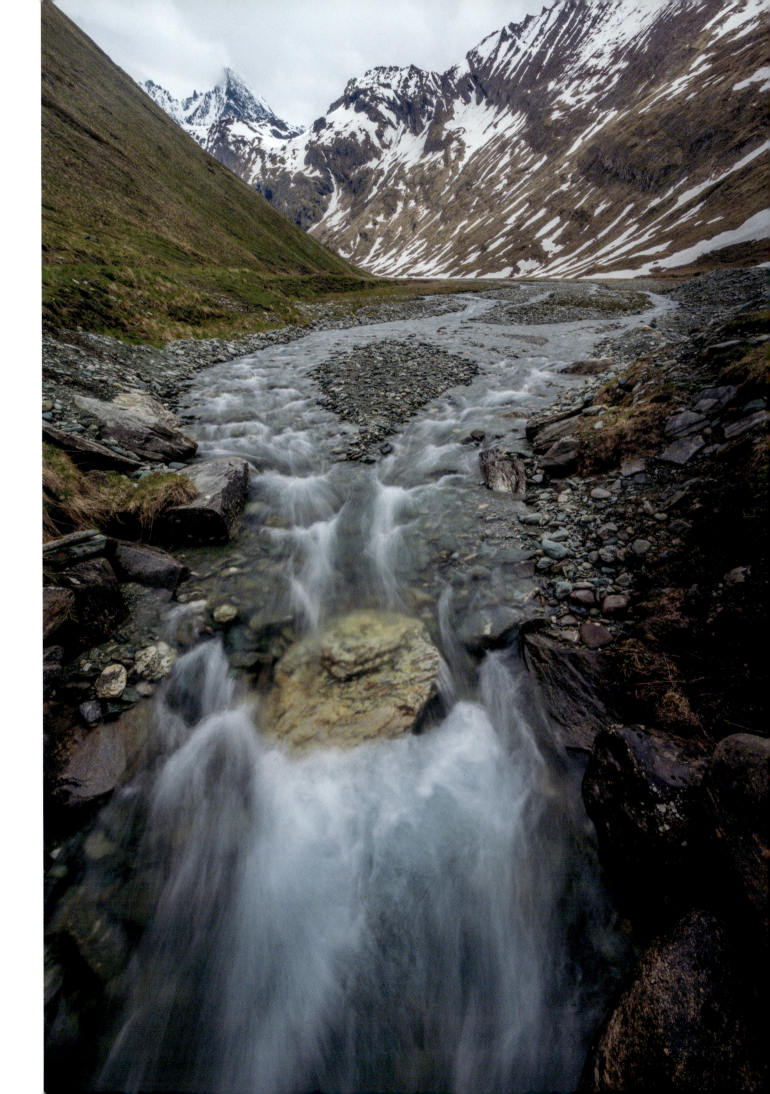

Besonders gut erkennt man die optischen Unterschiede beim Zusammenfluss von Drau und Isel in Lienz, da die Drau als Quelle am Toblacher Feld in Südtirol entspringt und sich hauptsächlich von Gebirgsbächen speist. Spätestens nach diesem Anblick kann ein aufmerksamer Beobachter jeden der 50 Osttiroler Bäche nach diesem Kriterium kategorisieren.

Nicht weniger auffallend präsentieren sich auch die zahlreichen Wasserfälle in Osttirol. Die bekanntesten sind die kaskadenförmigen Umbalfälle sowie der Staniskafall in Kals. Letzterer ist ein typischer Schleierfall, der, wie auch der Schildbachfall im Matreier Tauerntal, in seiner Ausprägung an den weißen Schleier eines Brautkleides erinnert. Oder aber – für alle, die es gerne etwas mystischer haben wollen – an das Eingangstor in ein im Felsen verborgenes Wasserschloss.

Ein beeindruckendes Naturschauspiel bieten auch der Steiner Wasserfall in Matrei, der imposant über zwei Stufen in die Prosseggklamm donnert, sowie der idyllische Frauenbachfall in Lavant, der bei seinem 80 Meter tiefen Sturz gleich drei Stufen überwindet. Letzterer ist von der leicht erreichbaren Aussichtsplattform gut zu beobachten und sorgt mit seiner Gischt vor allem im Sommer für ein wenig Erfrischung auf der Haut. Weit weniger temperament-, aber dafür genauso reizvoll präsentieren sich die rund 160 Osttiroler Bergseen. Jeder einzelne von ihnen lädt dazu ein, an seinen Ufern die Seele baumeln zu lassen. So zum Beispiel der kleine Salzbodensee, den man auf dem Weg vom Matreier Gschlösstal zum Großvenediger findet. Oder das sogenannte Auge Gottes, das in direkter Nachbarschaft zum Salzbodensee liegt. Seinen Namen verdankt das kleine Gewässer – das eigentlich ein Tümpel ist, weil es von der Sonne bis zum Grund erwärmt werden kann – seiner dreieckigen Form mit der wollgrasbewachsenen Insel in der Mitte, die einer Pupille gleicht. Die Ähnlichkeit mit der biblischen Darstellung des allsehenden Auges war ausschlaggebend für den Namen. Genauso verhält es sich beim Geigensee in Hopfgarten, der – je nach Perspektive – dem namensgebenden Instrument ähnelt. Besonders beliebt sind in Matrei auch der Zunigsee und der Grünsee.

Weitere Seen zum Genießen sind der Dorfer See in Kals, der Laserzsee bei der Karlsbader-hütte in den Lienzer Dolomiten, der 48 Meter tiefe Alkuser See, der Obersee am Staller Sattel im Defereggental und der Wangenitzsee sowie die Neualpseen in der Schobergruppe. Auch der Degenhornsee und Falkamsee in den Villgrater Bergen sind wahre Oasen der Berge, genauso wie der Eissee, Zupalsee sowie der Berger-See im Virgental.

Der Großteil all dieser Seen wurde während der letzten Eiszeit geschaffen, als gigantische Gletscher sie in Verbindung mit Steinbrocken ins Gebirge schliffen und zu jenen atemberaubenden Naturjuwelen formten, die sie heute noch sind.

Oben: Erdkröte am Obersee, Nähe Staller Sattel
                Gletschersee an der Gletscherzunge des Schlatenkees
                Staller Almbach im Defereggental
Rechts: Das Auge Gottes im Gschlösstal

Seite 50/51: Steiner Wasserfall in der Prosseggklamm

Oben: Schlatenbachwasserfall
Unten: Tauernbach bei Gruben
           Schildbachfall im Tauerntal

Oben: Tannenhäher vor einem Wasserfall im Oberhauser Zirbenwald

Unten: Prosseggklamm

Tauernbach in der Prosseggklamm

Seite 54/55: Gefrorene Lacke mit Rotenkogel im Hintergrund

Seite 56/57: Die Isel kurz vor der Islitzeralm: links flussabwärts, rechts flussaufwärts

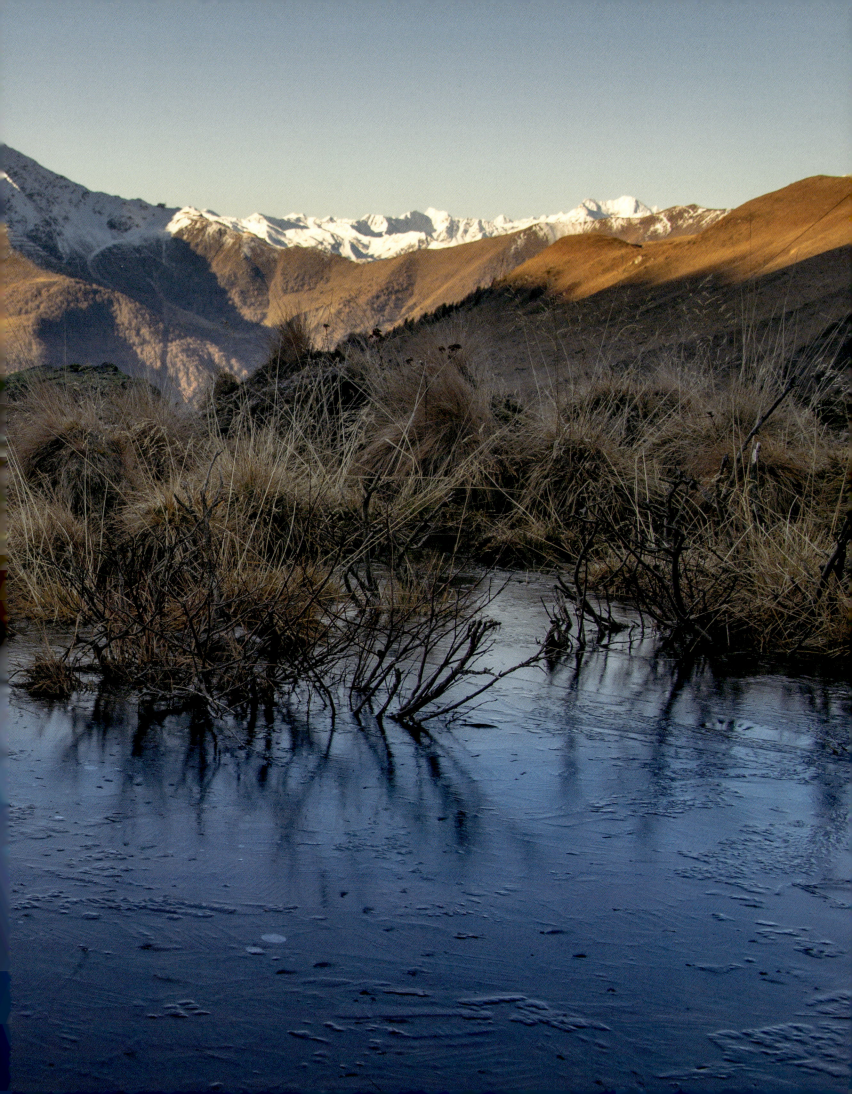

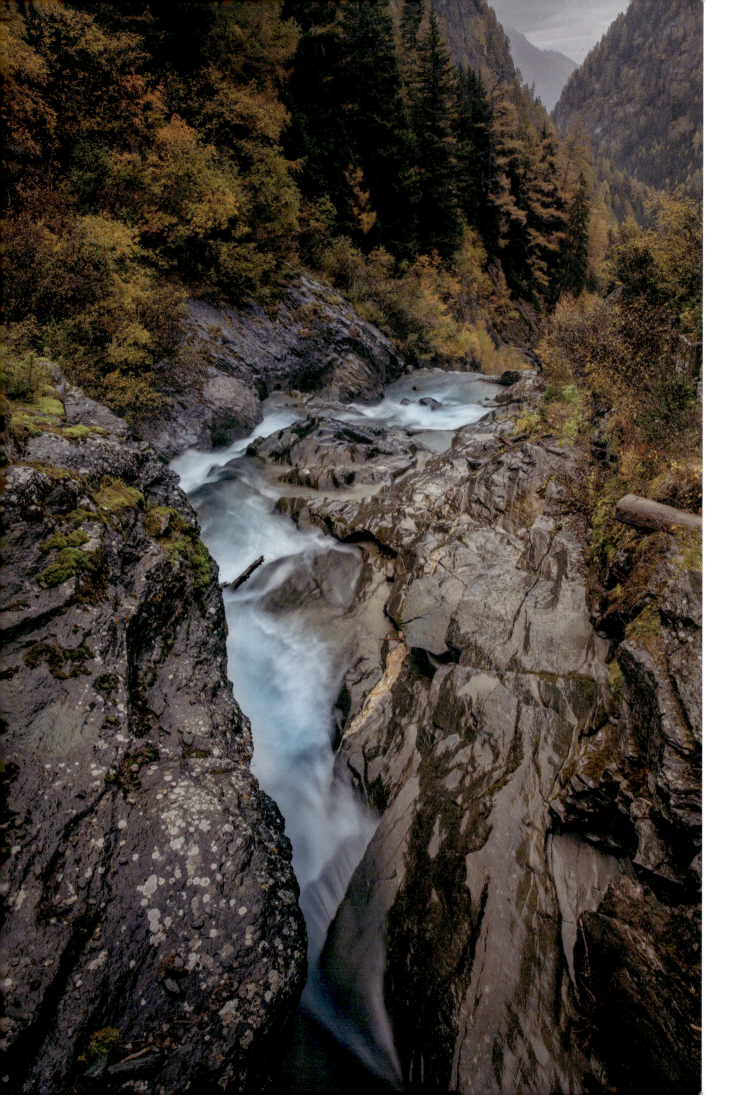

Oben: Schwarzach im Defereggental bei Hochwasser
Unten: Staniskaschleierwasserfall bei Kals
        Schwarzach bei der Oberhauseralm

Seite 59: Großbachfall bei Prägraten
Seite 60/61: Lacke in der Nähe des Schlatenkees mit Roter Säule im
        Hintergrund

Grünschenkel beim Verspeisen einer Kaulquappe im Salzbodensee

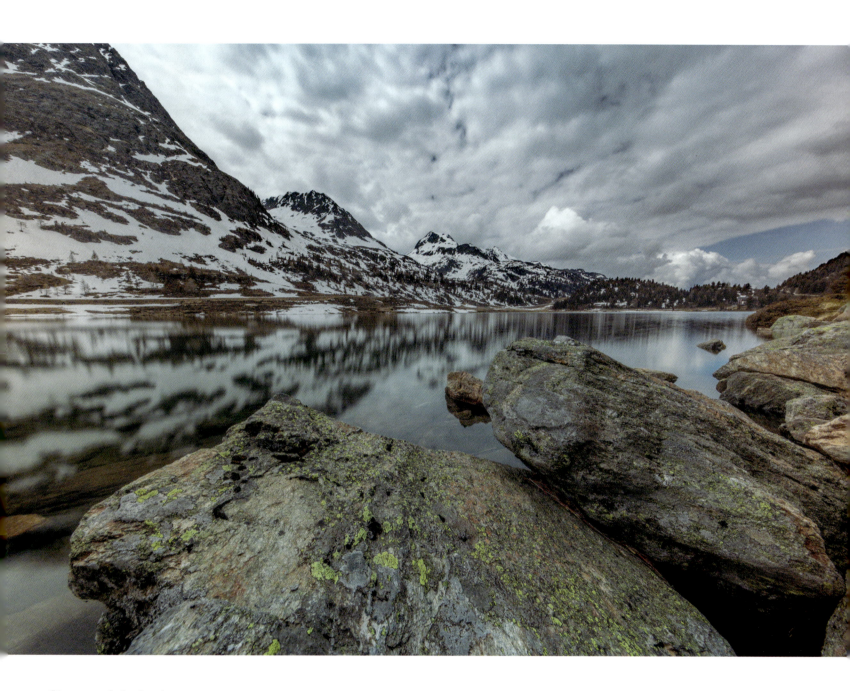

Obersee am Staller Sattel

Seite 64/65: Wasseramsel auf einer Eisscholle der Isel bei Gruben
Seite 68/69: Tinklwinklalmhütte von Joe

DER SCHLÜSSEL ZUR HÜTTE – JOE SCHNELL

IN der Nähe des Medelzkopfes gibt es einen Kessel mit einer kleinen Alm. Dort war ich schon ganz oft, denn es ist eine hervorragende Stelle, um Vögel zu fotografieren, Adler und Bartgeier kreisen zu sehen und um Füchse auf der Jagd oder Rehwild zu beobachten, darunter auch eine spezielle Genvariante mit ganz weißem Fell.

So gut wie immer sehe ich dort oben Gämsen. Am Eingang des Kessels ist eine kleine Hütte mit einer gemütlichen Veranda, die ich oft als Ausgangspunkt für meine Fotostreifzüge benutze. Mit dem Fernglas suche ich den Kessel ab, bis ich sehe, wo die Gämsen heute stehen, dann hilft mir ein felsiges, kupiertes Gelände, mich näher anzuschleichen, bis ich in Fotodistanz bin.

Als ich wieder einmal zur Hütte aufstieg, sehe ich schon jemanden auf der Veranda, der mich mit dem Fernglas beobachtet. Ich kannte den Besitzer der Hütte nicht und war mir nicht sicher, ob ich da willkommen bin. Umdrehen wollte ich auch nicht, sondern ich dachte mir, ich sage auf jeden Fall mal „Grüß Gott", es war ja offensichtlich, dass ich zur Hütte aufstieg, da der Weg dort endet. Oben angekommen, fand ich eine ganze Gesellschaft vor, es waren Jäger und eine Jägerin. Die Jägerin hatte gerade ihre erste Gams geschossen. Ich erzählte, dass ich schon oft hier oben war und auch nach Gämsen Ausschau halte, wenn auch mit anderer Motivation. Es war ein nebliger, nasser Tag und ich wurde in die sehr gemütlich eingerichtete Hütte eingeladen, wo es Kaffee und Schnaps gab. Ich zeigte den Anwesenden Bilder von Gämsen auf meinem Kameradisplay, die ich gerade vorher aufgenommen hatte. Der Besitzer, Joe Schnell, war auch anwesend und als ich mich verabschiedete, traute ich mich zu fragen, ob man denn diese Hütte für Fotozwecke mal mieten könnte. Joe meinte: „Freilich kannst du immer hier rauf kommen. Hier ist das Holz, hier die Kohlen und dort der Schnaps, bediene dich bei allem." Mit so viel Gastfreundschaft konnte man nicht rechnen, schon gar nicht zwischen Fotograf und Jäger. Seither bekommt Joe von mir jedes Jahr einen Fotokalender und ich den Schlüssel zur Hütte.

Karl Seidl

LICHTSPIELE IM BERG-WALD

BRICHT man in Osttirol zu einer Bergtour auf, führt der Weg immer erst durch üppige Wälder. Was nicht weiter verwunderlich ist, da ein Drittel der gesamten Bezirksfläche aus Wald besteht. Trotzdem ist es die perfekte Umgebung für den Start einer Wanderung. Schnell lässt man den Trubel und die Geräusche der modernen Zivilisation hinter sich, der Lärm wird gedämpft und verschluckt vom weichen Moos und den Bäumen des Waldes. Stattdessen vernimmt man das Zwitschern der Vögel, vor allem von Ringdrosseln und Buchfinken, sowie das entfernte Hämmern eines Spechtes. Hin und wieder das beruhigende Glucksen einer Quelle, das Plätschern eines kleinen Baches, ansonsten herrscht Stille. Der richtige Zeitpunkt, um die herrliche Luft einzuatmen, während man die hell scheinende Sonne beobachtet, die zwischen den rötlich braunen Baumstämmen und den dunkelgrün bewachsenen Fichtenästen Verstecken spielt.

Mit einem Anteil von 80 % ist die Fichte die dominante Baumart in Osttirol. Bis zu 50 Meter hoch, wiegt sie sich leicht im Wind oder steht stoisch ruhig allen vorbeikommenden Wanderern Spalier. Behangen mit langen Baumbärten, also Flechten, die mit dem Baum eine Symbiose bilden, wachen sie wie alte, mystische Riesen über den Wald und seine Bewohner. Vor allem für die zahlreichen Vögel, die in Baumhöhlen oder auf Ästen nisten und leben, aber auch für die verspielten Eichhörnchen, die sich an den länglichen Zapfen laben und zwischen den Ästen herumtoben und Schutz suchen, ist ein intakter Wald überlebensnotwendig.

Doch auch andere Bäume prägen das Osttiroler Landschaftsbild. Zu nennen sind hier sicherlich die Lärchen im Zedlacher Paradies, die bis zu 500 Jahre alt sind. Durch ihre knorrige Wuchsform und die grobe Rinde an den Stämmen, die auf der sonnenbeschienenen Seite oft rot gefärbt ist, erwecken diese Bäume den Eindruck eines Märchenwaldes. Oder eines Urwaldes. Letzterer ist er jedoch keineswegs. Vor hunderten von Jahren wuchsen im heutigen „Paradies" nämlich noch überwiegend Fichtenbäume. Erst die harte Arbeit und die Pflege der heimischen Bauern ließ die heutigen Lärchenweiden entstehen. Und das hatte durchaus praktische Gründe.

Die Zedlacher Sommeralmen befanden sich nämlich im Frosnitztal, einem weit entfernten Nachbartal. Um auch im Nahbereich des Ortes Weideflächen zu schaffen, rodete man dort ein großes Waldstück und forstete dieses mit Lärchen auf. Ausschlaggebend dafür war die hohe Lichtdurchlässigkeit der Baumkronen. Durch diese konnte darunter Vegetation gedeihen und dem Weidevieh als Nahrung dienen.

Die Nadeln der Lärchen wachsen nicht streng aneinandergereiht wie bei den Fichten, sondern büschelartig. Im Herbst verfärben sie sich goldrot und orange, ein wunderbares Naturschauspiel für jeden Beobachter. Vor allem aber für alle Fotografen.

Inzwischen sind solche Weiden nicht mehr zeitgemäß und werden nahezu überall dem Erdboden gleichgemacht. Nicht so im Zedlacher Paradies, wo anhand eines Lehrweges des Nationalparks Hohe Tauern auf die Besonderheiten der Bäume und Weideflächen hingewiesen wird. Unter anderem erfährt man hier, dass der römische Kaiser Tiberius für den Hausbau in der „Ewigen Stadt" eigens Lärchenstämme nach Rom schaffen ließ. Doch nicht nur in der Antike waren Bäume aus Osttirol gefragt. Im Mittelalter war das heimische Holz ein echter Exportschlager. Das reiche Venedig benötigte es für den Haus- und Brückenbau in der Lagunenstadt ebenso wie für die Errichtung der Befestigungsanlagen und den Bau der berühmten Gondeln, die zu tausenden die dortigen Kanäle frequentierten.

Aber das ist lange her. Wenn man heute im Oberhauser Zirbenwald im Defereggental unterwegs ist, spürt man keine überbordende Betriebsamkeit mehr. Vielmehr empfindet man hier, mitten im größten zusammenhängenden Zirbenbestand der Ostalpen, eine tiefe Gelassenheit.

Stolze 275 Hektar, oder anschaulicher gesprochen 2,75 Millionen Quadratmeter, umfasst das idyllische Waldstück, das auch als Wellness-Oase durchgehen könnte. Denn durch den aromatischen Duft ihres Holzes sorgen die Zirben dafür, dass sich Menschen in ihrer Umgebung äußerst wohl und entspannt fühlen. Ein Umstand, den man sich gerne beim Bau von Schlafzimmermöbeln zunutze macht.

Die ältesten Zirben können bis zu 1000 Jahre alt werden, wobei ihre Zapfen – auch Zirbelnüsse genannt – nur alle 6 bis 10 Jahre blühen. Sobald die Samen voll ausgebildet sind, werden sie verbreitet. Dabei erhalten sie erstaunlicherweise Hilfe. Und zwar vom Tannenhäher, dem einzigen Vogel, der die Samen sammelt und in Vorratskammern in der Erde vergräbt.

Bis zu 100.000 Samenkörner sammelt ein einzelner Tannenhäher, auch Zirbenhäher genannt, und verteilt diese im Umkreis von 15 Kilometern in bis zu 6000 Depots. Zwar findet er den Großteil wieder, trotzdem vergisst er so viele, dass die Verjüngung und der Bestand der Zirbenwälder gewahrt bleibt.

Dies sind nur einige Fakten, die man im Bereich der Oberhauser Almen von den Schautafeln eines Lehrweges ablesen kann, der ebenfalls von den Mitarbeitern des Nationalparks Hohe Tauern konzipiert wurde. Von einem 22 Meter hohen Aussichtsturm kann man außerdem Wildtiere wie Rehe oder Singvögel beobachten. Oder einfach nur die atemberaubende Landschaft, bei der man schnell ein Gefühl dafür entwickelt, warum Bäume so viele Kulturen über alle Zeiten hinweg inspiriert haben.

Links: Blick über das Virgental mit dem Oberstkogel
Oben: Blick von der Rübezahlhütte ins Ködnitztal

Oben   Lärchen in der Nähe der Islitzeralm
          Zedlacher Paradies
          Auf dem Weg zur Clarahütte
Rechts: Zedlacher Paradies bei Nebel

Seite 82/83: Lärchenwald im Virgental

Oben: Tannenhäher im Oberhauser Zirbenwald
Unten: Fichtenkreuzschnabel auf einer Fichte
Ringdrossel in der Nähe des Falkensteins

Oben: Oberhauser Zirbenwald
Unten: Hausrotschwanz im Tiroler Gailtal
Buchfink in der Nähe der Lackneralm

Seite 86/87: Zedlacher Paradies nach dem ersten Schneefall

Links: Herbstliche Lärchen im Zedlacher Paradies
Oben: Auf dem Waldlehrpfad im Zedlacher Paradies
Auf dem Weg zur Wodenalm (Mitte und unten)
Seite 90/91: Weiße Rehe sind eine seltene Farbvariante, zu finden
rund ums Ködnitztal.

Oben: Eichhörnchen im Ködnitztal
Gamsbock bei Innergschlöss
Murmeltier im Regen
Rechts: Rehe bei der Tinklwinklalm

Edelweißwiese hoch über Matrei

Unter dem Medelzkopf

Seite 98/99: Wiesenkerbel auf herbstlicher Wiese, entstanden beim Ausflug mit Hermann Muigg

REINE POESIE IN DEN BERGEN – HERMANN MUIGG

ALS ich wieder mal am Lucknerhaus bei Antonia vorbeikam, hatte ich gerade mit meinem Teleobjektiv versucht, einen Steinbock hoch oben auf der Freiwand zu fotografieren. Das 800-mm-Tele war noch auf der Kamera montiert und als Antonia das sah, wollte sie unbedingt ihrem Mann Hermann Bescheid geben, denn der würde sich so ein Objektiv bestimmt gerne mal ansehen. Hermann entpuppte sich als versierter Fotograf und wir tauschten uns unter Fotografen aus und vereinbarten auch gleich, demnächst einmal gemeinsam loszuziehen.

Tatsächlich hielten wir dann ein paar Tage später Ausschau nach Gämsen. Wir beobachteten einige mit dem Fernglas, jedoch kamen sie nicht in Fotodistanz an uns heran. Wir genossen unseren Ausflug trotzdem, wollten aber nicht ohne Bilder zurückgehen. Also begannen wir, mit dem Makro einzelne Blüten durch Freistellen mit offener Blende zu fotografieren. Hermann und ich nahmen uns Blume für Blume vor und entdeckten Details, die wir vorher übersehen hatten, weil wir auf Gämsen fokussiert waren. Irgendwann brachte Hermann unsere Vorgehensweise auf den Punkt: „Das ist nicht Fotografie, das ist reine Poesie".

Seither freue ich mich auf jede gemeinsame Fotosession mit Hermann, egal ob wir die Gams erwischen oder den Bartgeier, wie er vom Nest auffliegt, oder eben Poesie statt Fotografie betreiben. Hermann ist durch seinen Bergsport zur Naturfotografie gekommen, hat sich in vielen Fotowettbewerben bewährt und kann sein Hobby mit seiner Tätigkeit als zertifizierter Österreichischer Nationalpark-Ranger, Bergwanderführer des Landes Tirol sowie als Tiroler Naturführer verbinden.

Karl Seidl

VON
STEINEN
UND GÄMSEN

WIE gut eine Geschichte ist, hängt immer davon ab, wie sehr man sich damit auseinandersetzt. Wer schon einmal an einem Flussufer stand und einen Stein aus dem Bach gefischt hat, weiß, dass dieser, auch wenn er keine Stimme hat, viel erzählen kann. Geformt von der nicht enden wollenden Kraft des Wassers, durchsetzt mit verschiedenen Mustern liegt er flach in der Hand. Manche bewundern diesen kleinen Schatz nur kurz, werfen ihn jedoch bald wieder zurück. Andere lesen anhand seiner Beschaffenheit alles Mögliche aus dem Stein heraus. Zum Beispiel, dass die Lienzer Dolomiten eigentlich gar nicht Teil der Südtiroler Dolomiten sind, sondern ein Ausläufer der nördlichen Kalkalpen. Oder dass die höchsten Berge Osttirols einst die tiefsten Ebenen eines Ozeans markierten.

Doch all das ist ewige Zeiten her und änderte sich erst, als vor rund 100 Millionen Jahren die afrikanische gegen die eurasische Kontinentalplatte drückte. Dadurch wurden über viele Millionen Jahre hinweg die Gesteinsschichten gefaltet, angehoben und übereinandergestapelt. Das Ergebnis sind die heutigen Alpen, die tatsächlich noch immer „wachsen", aber aufgrund der natürlichen Erosion durch Eis, Wind und fließendes Wasser immer wieder abgetragen werden.

Für Geologen ist das 2020 Quadratkilometer große Osttirol jedenfalls eine echte Fundgrube. Vor allem das Tauernfenster, das insgesamt 160 Kilometer lang und zwischen 30 und 60 Kilometer breit ist und sich auch über den Norden Osttirols erstreckt, gilt unter Steinliebhabern als weltweit einzigartige Besonderheit.

Anhand dieses „Fensters", das durch tektonische Prozesse entstanden ist, erhalten interessierte Beobachter aufschlussreiche Einblicke in die Erdkruste und die normalerweise sehr viel tiefer gelegenen Gesteinsschichten der Alpen. So besteht beispielsweise der Gipfel des Großvenedigers aus massivem Gneis, entstanden aus flüssigem Magma.

Durch das Zusammenspiel dieser Kräfte ist Osttirol außergewöhnlich reich an verschiedenen Mineralien darunter Gold und Silber, aber auch Smaragde und Bergkristalle. Es verwundert also nicht, dass das Land über eine lange Bergbautradition verfügt. Noch heute findet man viele alte Stollen und Knappenlöcher. Vor allem im Defereggental, wo man diese auch besichtigen kann.

Wann genau der Bergbau hier einsetzte, ist nicht bekannt. Funde von Werkzeugen zeigen aber, dass bereits in der Bronzezeit vor rund 3500 Jahren nach Erzen geschürft wurde. Nach den Kelten führten dann die Römer, Bajuwaren und Slawen die rege Bergbautätigkeit in Osttirol fort. Im Mittelalter und in der Neuzeit wurden die Arbeiten dann schriftlich dokumentiert. Aber auch bei der Namensgebung von Orten wird man fündig. So stammt

der Name des Deferegger Berges „Rudnig" aus dem Slawischen und bedeutet übersetzt „Erzberg".

Zwischen dem 17. und 18. Jahrhundert verlor der Bergbau jedoch mehr und mehr an Bedeutung, ehe er letztlich endgültig eingestellt wurde. Nach wie vor großer Beliebtheit erfreuen sich jedoch „Serpentin" und „Dorfergrün". Letzterer ist ein feinschuppiger, olivgrüner Chloritgneis, der von gelblichem Epidot durchzogen ist und vor allem als Bodenbelag und Fassadenverkleidung in der Innen- und Außenarchitektur Verwendung findet. Auch für Grabsteine und Bildhauerarbeiten wird der Dorfergrün gerne genutzt. Der Abbau des Dorfergrüns wie auch des zuvor erwähnten Serpentins findet in Prägraten am Großvenediger statt.

Letzterer ist rund 180 Millionen Jahre alt und macht, trotz des reichhaltigen Vorkommens in der Osttiroler Gemeinde, nur einen winzigen Bruchteil des Erdmantels aus. Normalerweise lagert das Gestein in einer Tiefe von 50 bis 600 Kilometern.

Bekannt ist der Stein den Menschen in der Region schon seit tausenden von Jahren. Sie bezeichneten ihn aufgrund seiner Beschaffenheit und dunkelgrünen oder blaugrünen Farbe auch als Schlangenstein. Ursprünglich aufgrund seiner Robustheit als Steinbeil oder Axt verwendet, steigerte sich im Lauf der Zeit seine Beliebtheit so sehr, dass er zu einem beliebten Schmuck- und Dekorstein wurde. Seit der Antike sprach man ihm auch magische Eigenschaften zu. Seine Wirksamkeit soll vor allem gegen alle Arten von Gift spürbar gewesen sein. Heute wird der Stein von vielen Menschen gerne als Mittel zur Beruhigung und gegen Stimmungsschwankungen eingesetzt.

Emotional ging es oft auch bei den Osttiroler Bergkristallsuchern zu. Im Gebiet des Nationalparks Hohe Tauern ist das zwar nicht mehr erlaubt, sofern man dazu Werkzeuge braucht, aber in der Vergangenheit glich die Jagd nach Bergkristallen einer echten Schatzsuche. Oft mit tragischem Ausgang. Beginnend bei Abstürzen, endend mit Missgunst und Neid.

Davon unbeeindruckt meistern die tierischen Bewohner der Berge seit jeher ihre eigenen Herausforderungen der hochalpinen Region. Neben den zahlreichen Vögeln wie Ringdrossel, Bergpieper oder Alpendohle haben sich auch Steinböcke, Murmeltiere und Gämsen perfekt an ihren Lebensraum angepasst. So ergänzen die Gämsen im Winter ihre Nahrung, die in den warmen Monaten aus Gras, Kräutern, Blättern und Trieben von Bäumen und Alpensträuchern besteht, mit Moosen und Flechten. Das ist wichtig, da sie in dieser Zeit trächtig sind. Sechs Monate wachsen die Kitze im Mutterleib heran. Zwischen Ende Mai und Anfang Juni erblicken sie das Licht der Welt, wobei ein Wurf aus bis zu

Links: Älterer Steinbock bei der Fellpflege
Oben: Gämse im Ködnitztal

drei Kitzen bestehen kann. Drei Jahre später gelten sie als ausgewachsen und sind mit dem felsigen Gelände oberhalb der Baumgrenze bestens vertraut. Ebenso bewegungssicher wie die älteren Familienmitglieder klettern sie über schmalste Grate. Das haben sie ihren spreizbaren, hartgummiartigen Hufen zu verdanken, die als Schalen bezeichnet werden. Nur selten wandern Gämsen in tiefere Lagen ab. Wenn, dann im Winter zur Nahrungssuche. Dann hat sich im Vergleich zum Sommer aber auch ihr Aussehen verändert. Im Sommer ist das Fell nämlich gelblich braun, während es im Winter dunkelbraun bis schwarz ist. Die typische schwarze Augenbinde bleibt jedoch gleich, genauso wie die Hörner, auch „Krickeln" genannt. Diese werden im Lauf ihres Lebens – Gamsböcke werden 15 Jahre alt, Weibchen rund 20 Jahre – bis zu 25 Zentimeter lang und sind an den spitzen Enden stark zurückgebogen.

Berühmt ist auch der sogenannte Gamsbart, den viele Jäger und Trachtenträger stolz auf ihren Hüten zur Schau stellen. Dabei handelt es sich jedoch nicht um den Bart eines Gamsbocks, sondern vielmehr um Haare, die auf dem Rücken der Gämsen wachsen und büschelförmig gebunden werden.

Rechts: Gamsbock über der Tinklwinklalm

Seite 112/113: Junger Steinbock ist neugierig auf den Fotografen

Falkenstein bei Matrei

Steinbock blickt über die Pasterze zum Großglockner

Links: Gämsgeißen mit den Kitzen
Oben: Edelweiß mit Ameise
              Bergpieper an der Tinklwinklalm
              Alpendohle

Seite 118/119: Freiwandspitze im ersten Licht, gesehen vom Stüdlgrat

Oben: Steinbock auf dem Übergang von der Lucknerhütte zur Salmhütte
Junge Steinböcke beim Kräftemessen
Steinbock zeigt seine Kletterkünste
Rechts: Steinböcke beim Spiel

Sonnenaufgang auf der Adlersruh mit Blick auf das Ködnitzkees und Teuschnitzkees

Blick vom Stüdlgrat nach Süden

Links: Gamsbock zur Brunftzeit
Oben: Steingeiß mit Kitz auf dem Medelzkopf
             Gamsbock in der Brunft
             Murmeltiere am Fuße des Großglockners

Seite 126/127: Durch den Großvenedigergletscher abgeschliffener Fels

Links: Blick von der Adlerlounge auf den Großglockner
Oben: Junger Steinschmätzer wartet auf Futter
                Vom Gletscher abgeschliffener Fels am Schlatenkees
                Orange Flechte auf Felsen
Seite 132/133: Blick von der Karlsbader Hütte auf den Laserzsee

KLETTERN UND GENIESSEN – EDITH TEMBLER

EIN Dorado für Kletterer jedes Leistungsvermögens und meine Kletterheimat sind die Lienzer Dolomiten. Meine erste Klettertour dort war die Egerländer Kante. Das ist eine ganz einfache Kletterei, aber man hat immerhin ca. 20 Seillängen zum Genießen in atemberaubend schöner Natur. Den Zustieg startet man an der Dolomitenhütte am besten mit einem Espresso in der Morgensonne. Der Weg führt dann durch einen Lärchenwald, von dem aus man immer wieder einen Blick auf die Laserzwand genießen kann. Über diese Wand ziehen mehrere Kanten nach oben, eine davon ist die besagte Egerländer Kante. Nach eineinhalb Stunden ist man am Einstieg und die Genusskletterei kann beginnen. Wände wechseln mit Platten ab, Querungen sind zu meistern und Schluchten zu durchsteigen. Inzwischen habe ich diese Tour schon endlos oft gemacht. Immer, wenn ich Gäste bei mir in Matrei habe, die mich fragen, ob wir zusammen klettern, schlage ich diese Tour vor. Auch wenn man hier keine sportlich schwierigen Kletterstellen überwinden muss, hat man eine 500 Meter hohe Wand zu überwinden, die sich in der überragenden Naturkulisse der Lienzer Dolomiten aufbaut. Das Naturerlebnis steht hier im Vordergrund und die erste Belohnung, wenn man die 20 Seillängen geschafft hat, ist der Gipfel der Kleinen Laserzwand, der einem das Panorama der Lienzer Hausberge eröffnet. Wenn noch überschüssige Motivation vorhanden ist, kann man auch noch auf den Roten Turm steigen, das sind weitere fünf Seillängen, die man auf einer anderen Kletterroute wieder abklettern und durch Abseilen überwinden kann. Nachdem der Gipfel die erste Belohnung war, folgt dann nach einer gut halbstündigen Wanderung die zweite Belohnung, das ist nämlich die Karlsbader Hütte, die sich auf dem Weg ins Tal für einen Besuch ideal anbietet.

Hier freue ich mich immer schon auf Edith Tembler, die Hüttenwirtin. Sie heißt uns immer herzlich willkommen und wir werden als Erstes zu einem Schnaps eingeladen oder auch mal zu einem Kaffee. Nach Spinatnockerln, einem Wiener Schnitzel oder einem Kaiserschmarrn ist die Bergwelt dann endgültig in Ordnung.

Man kann bei Rupert und Edith auf der Hütte auch übernachten, und da Edith eine sehr gute Naturfotografin ist, ist immer wieder einmal Zeit zum Fachsimpeln, wenn die Gäste alle versorgt sind und langsam die Betten aufsuchen.

Karl Seidl

DIE STEINBÖCKE
UND IHR LETZTES
EISIGES
PARADIES

NOCH leuchten sie oft blendend weiß von den Flanken der höchsten Berge Osttirols: die Gletscher, das ewige Eis. Als beeindruckende Zeugen der letzten Eiszeit vor 12.000 Jahren ziehen sie Bergwanderer und Bergsteiger geradezu magisch an. Doch wie lange noch? Jeder, der die Eisgiganten besteigen will, sieht sich Jahr für Jahr mit der Tatsache konfrontiert, dass die Strecke vom Tal bis zu den Gletscherflächen immer länger wird.

Beginnen wir jedoch von vorne: In der Würmeiszeit präsentierte sich Osttirol noch völlig anders. Wo heute grüne Wiesen und Wälder das Landschaftsbild prägen, ragten damals nur die höchsten Gipfel und vereinzelte graue Felsen aus einem „Meer" aus Eis. Kalte Winde peitschten über die weißen Ebenen und sorgten in Verbindung mit dementsprechenden Temperaturen dafür, dass nahezu jegliche Vegetation im Keim erstickt wurde. Immer weiter schoben sich die Eismassen vor und schliffen den darunterliegenden Fels richtiggehend ab.

Doch irgendwie findet das Leben immer einen Weg. Und als die Temperaturen langsam stiegen, zogen sich die Gletscher zurück. Dabei legten sie eine Vielzahl an Erdwällen und Steinmassen frei und es dauerte nicht lange, bis auf diesen sogenannten Moränen langsam die ersten Pionierpflanzen wuchsen. Mit der Zeit verwandelte sich die brachliegende Ödnis in eine sanft bewachsene, hügelige Landschaft.

Und auch wenn es im Lauf der Geschichte immer wieder zu vereinzelten Vorstößen der Gletscher kam, beispielsweise in der Kleinen Eiszeit zwischen ca. 1400 und 1900 n. Chr., so erreichten die weißen Giganten ihre ursprünglichen Ausmaße seitdem nie wieder. Im Gegenteil: Die Erwärmung des Klimas drängte sie immer weiter zurück. Seit den 1990er-Jahren nahmen die Osttiroler Gletscher jährlich im Durchschnitt ca. einen Meter an Dicke ab. Allein in den letzten 70 Jahren sind mehr als ein Drittel der damals noch bestehenden Gletscher abgeschmolzen. Erholungsphasen durch kühle Sommermonate sind den Eisfeldern kaum noch vergönnt.

Gleichwohl ist ihr Anblick immer noch atemberaubend. Zum Beispiel, wenn man über das Mullwitzkees in Prägraten zum Großvenediger (3666 m) aufsteigt. Schier endlos wirken hier die Schneefelder. Trotz aller Faszination ist jedoch Vorsicht geboten, denn immer wieder passiert man riesige Gletscherspalten, die oft dutzende Meter tief sind. Oder man geht arglos über eine Schneebrücke, die den Abgrund überspannt.

Man kann in diese Welt aber auch gezielt eintauchen, indem man sich, mit Hilfe eines erfahrenen und staatlich geprüften Bergführers, in eine Gletscherspalte abseilt.

Dort, mitten im Herzen des Gletschers, umarmt den kühnen Bergsteiger ein Gefühl der Unendlichkeit. Hier wurde und wird der immerwährende Kreislauf des Wassers für lange

Zeit unterbrochen. Stillstand herrscht in dieser tiefblauen, bizarren Welt aber trotzdem nicht. Milliarden von Wassertropfen bahnen sich seit Ewigkeiten ihren Weg und formen jeden Tag neue, fantastische Skulpturen im Eis.

Nicht weniger imposant sind auch die klassischen Hochtouren mit Gletscherberührung auf andere Gipfel Osttirols. Nimmt man die Route über das Schlatenkees in Matrei, stechen vor allem die mächtigen Eisabbrüche ins Auge. Diese entstehen dadurch, dass die Gletscher nicht an Ort und Stelle verharren, sondern ständig in Bewegung sind und langsam talwärts fließen. Fällt das darunterliegende Gelände dann steil ab, bricht ein Teil der Gletscherzunge auseinander.

Ein weiteres Phänomen sind die Gletschertische, die man vor allem am Teischnitzkees und am Ködnitzkees in Kals findet – direkt zu Füßen des höchsten Berges Österreichs, des Großglockners (3798 m), den stolze 180 km² Gletschereis umgeben. Dabei handelt es sich um massive, flache Felsbrocken, die auf einer Säule aus Eis liegen. Sie entstehen dadurch, dass das Eis im Schattenbereich des Steines wesentlich langsamer schmilzt als rund um diesen herum.

Eine weitere Besonderheit sind die Gletschertore, aus denen gebündelt das Schmelzwasser sprudelt. Diese sollte man jedoch meiden, denn so verlockend die Höhlen in all ihren Blautönen als Fotomotiv auch schimmern: Aufgrund der Schmelzkanäle, die sich hier sammeln, ist das Eis enorm instabil und brüchig.

Trotz Kälte und verschiedener Gefahren wissen viele Tiere die Gletscher und ihre karge Umgebung zu schätzen. Zum Beispiel die Alpendohle, die hier viele angewehte Insekten findet. Oder auch ein Tier, das in dieser Region bereits ausgestorben war: der Steinbock. Gemeinsam mit dem Steinadler teilt er sich den Titel des „Königs der Alpen", was ihn jedoch nicht davor bewahrte, bis zu seiner fast vollständigen Ausrottung bejagt zu werden. Im 18. und 19. Jahrhundert wurde nämlich nahezu jedem seiner Körperteile eine heilende Wirkung zugeschrieben. So sollten sich beim Trinken seines Blutes die Harnsteine im menschlichen Körper lösen. Gegen Ischias und Blutarmut half der Genuss des bohnenförmigen Kotes und Ringe, gefertigt aus den mächtigen Hörnern, fachsprachlich Schwerter genannt, sollten den jeweiligen Träger vor Krankheiten jeglicher Art bewahren. Zudem war man der Ansicht, dass das zu Pulver verriebene Horn die Liebeskraft eines Mannes steigere. Wurde man von Schwindelanfällen geplagt, schwor man auf die Wirkung der „Bezoarkugeln" – Haarkugeln aus dem Magen des Tieres. Geholfen hat natürlich nichts davon.

Dennoch war die Nachfrage nach diesen „Wunderdingen" derart groß, dass die Salzburger Erzbischöfe eigene Steinbockapotheken errichteten. Für die geistlichen Würdenträger ein gutes Geschäft, für das Steinwild das Todesurteil. Ohne Rücksicht stellte man den stolzen Kletterern nach, bis es im gesamten Alpenraum kaum noch welche gab.

Einzig im Revier des italienischen Königs Vittorio Emanuele im Valle d'Aosta gab es noch eine Kolonie dieser Tiere. Mittlerweile ist der Steinbock in Osttirol wieder heimisch. Zu verdanken ist das der Osttiroler Jägerschaft, die in Kals am Großglockner wieder Steinböcke ansiedelte. Heute gibt es in Osttirol mehrere hundert dieser stolzen Tiere, die bis zu 120 Kilogramm schwer werden können.

Bretterwandspitze und Kendlspitze im letzten Abendlicht

Kendlspitze kurz vor Sonnenaufgang

Oben: Hänge der Freiwand, im Vordergrund der markante Predigtstuhl
Unten: Gams am Fuße des Medelzkopfes
Fuchs auf Beutesuche im Ködnitztal

Oben: Tiefwinterlicher Nussingkogel
Unten: Am Tauernbach bei Matrei
        Nordseite des Großvenedigers mit Lawinenabrisskante

Seite 148/149: Falkenstein bei Matrei

Links: Wasseramsel nach dem Tauchgang mit Larven im Schnabel
Oben: Nebelkrähe am Tauernbach in Matrei
Alpenbraunelle auf der Tinklwinklalm
Wasseramselmännchen bringt Futter für das Weibchen

Blick vom Hohen Sonnblick auf die Osttiroler Bergwelt bei Mondschein

Böses Weibl bei Sonnenaufgang

Oben: Gams auf den Hängen bei der Tinklwinklalm
             Fuchs im Ködnitztal
             Rehe in der Nähe des Lucknerhauses
Rechts: Zwei Steinbockrivalen beim Kräftemessen

Seite 156/157: Ochsenbug, in einer Schmelzlacke gespiegelt

Links: Gams mit Kitz im Ködnitztal
Oben: Bussard über der Edelweißwiese
        Steinbock im Fellwechsel
        Rehe in der Nähe der Daberklamm

Gletscher auf der Nordseite des Großglockners

Auf der Gletscherzunge des Schlatenkees

DER UNBEKANNTE STEINBOCK – GUNTHER GRESSMANN

IM Jahr 2012 bezog ich meinen Wohnsitz in Matrei in Osttirol. Ich war nun schon seit vier Jahren in den Bergen Osttirols unterwegs beim Fotografieren, Wandern, Klettern und beim Skitourengehen. Meine Wohnung ist nur fünf Minuten vom Nationalpark-Informationszentrum entfernt und dort gibt es auf mehreren Stockwerken alles zu erkunden und zu erfahren über die Natur des Nationalparks Hohe Tauern. Im obersten Stockwerk werden immer wieder Ausstellungen einheimischer Künstler präsentiert. Nachdem ich jetzt ja auch ein ganz kleines bisschen einheimisch war, habe ich eine Ausstellung zusammengestellt und sie beim Nationalparkleiter vorgestellt. Ich freute mich sehr, dass sie angenommen wurde, und schon in den nächsten Wochen baute ich sie zusammen mit den Mitarbeitern des Informationszentrums auf.

Dabei habe ich den für den Fachbereich Naturraummanagement zuständigen Mitarbeiter Gunther Gressmann kennengelernt. Seit dieser Zeit bin ich immer wieder mal bei ihm im Büro und zeige dort meine Bilder her und erhalte auch sehr wertvolle Tipps und Informationen. Als ich ihm das erste Mal Bilder von Steinböcken zeigte und ein Bild dabeihatte, auf dem 28 Steinböcke gleichzeitig abgebildet waren, schaute es sich Gunther eine längere Zeit an und sagte auf einmal ganz verwundert: „Was ist denn das für einer?" Von da an wusste ich, dass Gunther viele der Tiere des Nationalparks höchstpersönlich kennt. Er ist von damals an immer seinem Ruf gerecht geworden, ein hervorragender Naturkenner und rücksichtsvoller Wildtierbeobachter zu sein. Von ihm wurden bereits einige Bücher und Bildbände veröffentlicht und er ist ein anerkannter Spezialist für Steinwild.

Karl Seidl

Besagtes Bild von den 28 Steinböcken

AUF DEN
HÖCHSTEN
GIPFELN
MIT DEN
KÖNIGEN DER LÜFTE

DIE Gipfel der Osttiroler Berge zählen zu den höchsten Österreichs. Manche von ihnen umgibt solch ein Mythos, dass jedes Jahr tausende Alpinisten aus aller Welt anreisen, um einmal dort oben stehen zu können.

Der bekannteste ist natürlich der Großglockner. Mit seinen 3798 Metern stellt er den höchsten Punkt Österreichs dar. Auf dem massiven Gipfel aus Prasinit steht ein kunstvoll gefertigtes, drei Meter hohes Kreuz aus Eisen, das von den Mitgliedern des Österreichischen Alpenklubs in Auftrag gegeben wurde. Dem gleichen Verein gehört auch das dazugehörige 114 Quadratmeter große Grundstück rund um den Gipfel. Gewidmet wurde das Kreuz, das am 2. Oktober 1880 von den Kalser Bergführern am Gipfel aufgestellt wurde, Kaiser Franz Joseph I. und Kaiserin Elisabeth von Österreich, da diese zu dem Zeitpunkt Silberhochzeit feierten.

80 Jahre früher standen erstmals Menschen auf dem Großglockner. Nachdem der erste Versuch einer Besteigung noch am starken Schneefall scheiterte, schafften es am 28. Juli 1800 fünf Expeditionsmitglieder des Kärntner Fürstbischofs Franz Xaver Altgraf von Salm-Reifferscheidt-Krautheim, den „Glockner" erfolgreich zu bezwingen. Für den Auftraggeber, der im Gegensatz zu seinen Begleitern den Gipfel nicht erreichte, dennoch ein enormer Prestigeerfolg. Wenn auch sehr teuer. Umgerechnet auf die heutige Währung verschlang das Unternehmen über 50.000 Euro.

Den Bergbauern aus Heiligenblut erschloss der Erfolg der Expedition jedoch eine völlig neue Einkommensquelle. Bis Mitte des 19. Jahrhunderts hatten sie als Bergführer die Monopolstellung im Glocknertourismus inne. Was zu kuriosen Preisentwicklungen führte und die Konkurrenz auf der Osttiroler Seite des Berges mobilisierte. 1852 beauftragte Joseph Mayr aus Lienz einige Kalser mit der Suche nach einem geeigneten Anstieg von ihrem Heimatort aus. Zwei Jahre später war dieser gefunden. Umgehend verlagerte sich das Geschehen nach Kals, da die Zustiege wesentlich kürzer waren und die Kosten für die Quartiere und Bergführer weit unter jenen der Heiligenbluter lagen. Im Jahr 1869 gab es von Kals aus 35 Glocknerführungen, während sich die Kärntner Konkurrenten mit drei Gipfelbesteigungen zufriedengeben mussten.

Mittlerweile klettern pro Jahr rund 5000 Menschen auf den Großglockner. Spaziergänge sind die Auf- und Abstiege trotzdem keine. Sowohl der Normalweg als auch der Aufstieg über den Stüdlgrat oder die Glocknerüberschreitung sind hochalpine Routen und keinesfalls zu unterschätzen.

Dies verhält sich bei einer Tour auf „Seine weltalte Majestät" ein wenig anders. So erhaben wird nämlich der Großvenediger genannt, einer der höchsten Berge Osttirols und als

Grenzberg zu Salzburg mit seinen 3666 Metern auch der höchste Berg des nördlichen Nachbarbundeslandes. In Salzburg führt die Route zum Gipfel über die Kürsingerhütte. In Tirol kann man die Matreier Seite wählen, die an der Neuen Prager Hütte vorbeiführt, oder von der Johannishütte in Prägraten starten, die auch als Etappenziel für Skihochtouren der klassischen „Skiroute Hoch Tirol" gilt.

Umgeben von einer gigantischen Eis- und Schneelandschaft, fühlt man sich auf einer Großvenediger-Tour beinahe in die Eiswüsten der Arktis versetzt. Nur mächtige Gipfel wie das Rainer Horn, die Schwarze Wand oder der Kamm des Hohen Zaunes ragen aus dem Eis. Kurz vor der höchsten Erhebung des Berges, die inzwischen ausgeapert ist, gilt es noch einen schmalen Grat zu bewältigen, ehe man mit einer unvergleichlichen Fernsicht belohnt wird. An schönen Tagen kann man viele der 166 Haupt- und 70 Nebengipfel Osttirols, die über 3000 Metern Seehöhe liegen, gut erkennen.

Mit ein wenig Glück erspäht man von dort aber auch einen gigantischen Vogel, der über den Tälern Osttirols dahingleitet: den Bartgeier, einen imposanten Aasfresser mit einer Flügelspannweite von drei Metern. Lange war der wunderschöne Vogel in Osttirol und in großen Teilen der Alpen ausgestorben. Ausschlaggebend dafür war eine Mischung aus Irr- und Aberglaube.

Gemälde von damals zeigen noch heute, wie der Bartgeier einst als bedrohliche Naturgewalt dargestellt wurde. Aggressiv verteidigt er mit weit ausgebreiteten Schwingen seine Beute, während ein tapferer Hirtenjunge unter Einsatz seines Lebens ein Lamm aus den Fängen der „Bestie" befreien will. Solche Geschichten befeuerten natürlich die Fantasie und die Vorurteile der heimischen Bevölkerung und verfestigten sich im Gedankengut. Mit verhängnisvollen Folgen für den Bartgeier, der deshalb auch „Lämmergeier" genannt wurde. Unbarmherzig wurde ihm nachgestellt.

Dabei stellte er niemals eine Gefahr dar. Und tut dies auch heute nicht. Bartgeier sind reine Aasfresser, deren Nahrung zu rund 80 % aus Knochen, Sehnen und Bändern besteht, also jenen Teilen eines Kadavers, die andere Aasfresser gerne zurücklassen.

Besonders beeindruckend: Die Vögel können Knochen bis zur Größe eines Unterarms schlucken. Im Magen werden sie dann von der scharfen Säure zersetzt. Ist ein Knochen dennoch zu groß, fliegt er mit diesem in die Luft und lässt ihn aus großer Höhe auf die darunterliegenden Felsen fallen, wo er in kleinere Teile zersplittert. Daher rührt auch sein Beiname „Knochenbrecher".

Mit dem wachsenden Wissen über die Vögel setzte innerhalb der Gesellschaft ein Umdenken ein, und so konnten 1986 im Rahmen eines Artenschutzprojektes im

Nationalpark Hohe Tauern wieder Bartgeier angesiedelt werden. Schrittweise wurde die Population erhöht. Aktuell geht man von einem alpenweiten Bestand von rund 300 bis 320 Tieren aus. In Österreich sind es knapp 30.

Wesentlich häufiger erspäht man einen Steinadler, da sich die Bestände des bekanntesten Beutegreifers und Tiroler Wappentieres in den letzten Jahren gut erholt und stabilisiert haben. Anhand seines Flugbildes ist er zudem gut vom Bartgeier zu unterscheiden. Mit einer Spannweite von 2,2 Metern ist er ein gutes Stück kleiner als der Aasfresser. Zudem hat der Bartgeier einen keilförmigen Stoß, während das Gefieder am Hintern des Steinadlers eine Fächerform aufweist. Für ein atemberaubendes Erlebnis, das lange in Erinnerung bleibt, sorgen jedoch beide Vögel.

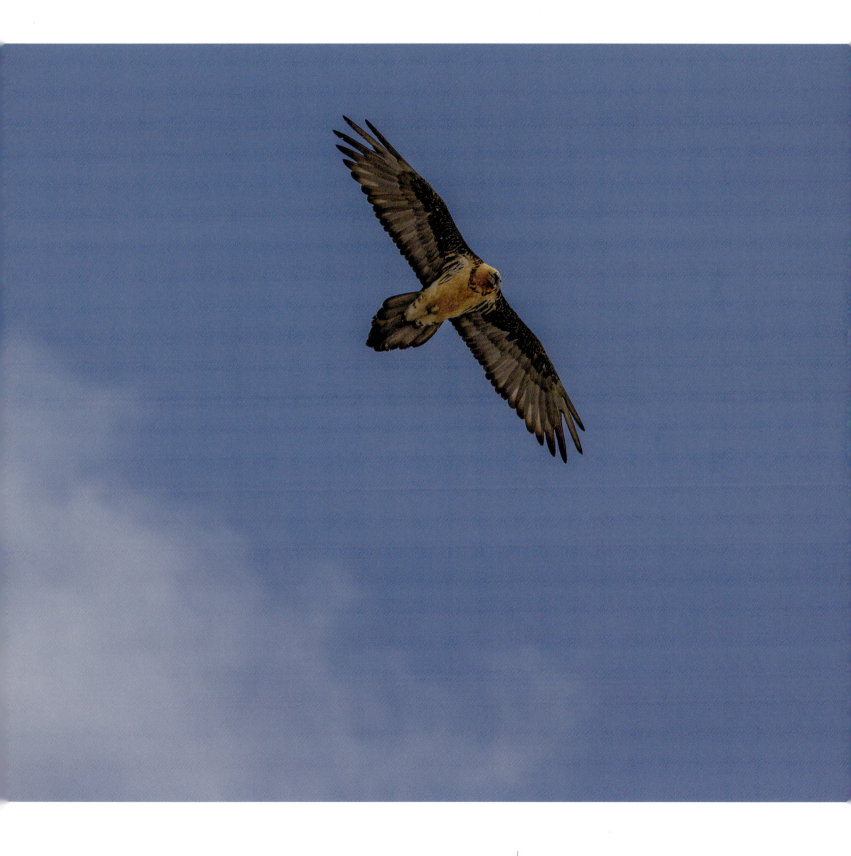

Nordflanke des Großvenedigers bei Sonnenaufgang

Schwarze Wand, Großvenediger und Kleinvenediger vom Grünsee aus gesehen

Seite 178/179: Bartgeier beim Abflug vom Horst

Oben: Föhnwolken über dem Virgental
             Sonnenuntergang im Virgental
             Kendlspitze im letzten Sonnenlicht
Rechts: Regenbogen über dem Falkenstein
Seite 182/183: „Murmele" am Fuße des Großglockners

Großglockner bei Sonnenaufgang

Seite 186/187: Erster Schnee in Prägraten

Nussingkogel und Kendlspitze nach Sonnenuntergang

Krähen sammeln sich am Abend.

Oben: Blick von der Rübezahlhütte auf den Medelzkopf
Unten: Blick von der Arnitzalm zum Talschluss
Rechts: Großglockner bei Mondlicht

Seite 192/193: Bretterwandspitze und Kendlspitze, im Vordergrund die Edelweißwiese

Oben: Steingeiß auf dem Ausblick
Steinadler zieht seine Kreise.
Links: Steinbock, dahinter die Lange Wand

Zunig mit Mond kurz nach Sonnenuntergang

Sonnenuntergang im Virgental

Seite 198/199: Blick von der Hoffmannspitze bei Sonnenaufgang

GEMEINSAM IN DEN BERGEN – JULIUS LOBENWEIN

DER höchste Berg Österreichs und damit auch Osttirols ist der Großglockner. Vor einigen Jahren – mein Sohn Thomas und ich waren noch nie geklettert – engagierten wir einen Bergführer, um mit uns auf den Großglockner zu steigen. Der Treffpunkt war mittags auf der Stüdlhütte, die Ausgangshütte zur Glocknerbesteigung. Der Bergführer, den wir damals trafen, war Julius Lobenwein. Er hat uns noch am gleichen Tag auf den Glockner geführt. Ursprünglich war geplant, nur auf die nächste Hütte, die Erzherzog-Johann-Hütte zu steigen, dort zu übernachten und dann am nächsten Tag den Glocknergipfel zu erklimmen. Weil aber das Wetter zunehmend schlechter wurde und damit auch die Aussicht, am nächsten Tag diese Tour machen zu können, sind wir an diesem Nachmittag erst auf den Kleinglockner und dann über die Glocknerscharte am Normalweg auf den Gipfel.

Diese Tour war der Start meiner Freundschaft mit Julius. Inzwischen war ich achtmal mit Julius über die verschiedenen Routen auf dem Großglockner, aber auch auf ganz vielen weiteren Bergen Osttirols, im Sommer beim Klettern und auf Hochtour im Winter mit den Tourenski.

Um Bilder vom Großglockner beim schönsten Morgen- und Abendlicht zu machen, habe ich Julius mal gefragt, ob er mit mir am späten Nachmittag auf das Figerhorn geht, um dort beim Sonnenuntergang den Gipfel des Großglockners zu fotografieren. Ich hatte allerdings noch einen zweiten Tourenvorschlag, nämlich noch in der Nacht auf den Weißen Knoten zu steigen, um dort den Glockner beim Sonnenaufgang zu fotografieren. Julius meinte, das könnten wir ja alles an einem Tag machen, also sind wir vom Lucknerhaus nachmittags aufs Figerhorn gestiegen und ich habe meine Fotos geschossen. Das Abfahren bei ganz schwerem, nassem Schnee im Dunkeln mit der Stirnlampe war schon mehr Tortur als nur Anstrengung. Um 9 Uhr abends kamen wir wieder zum Lucknerhaus und ich war unglaublich müde. Nur wenige Stunden später, um 2 Uhr nachts, klingelte schon wieder der Wecker. Wenig später erfolgte der Aufbruch auf den Weißen Knoten. Fast hätte ich dort oben den Sonnenaufgang verpasst, d. h. die letzte halbe Stunde musste ich so schnell steigen wie irgend möglich. Nachdem die Bilder auf der Speicherkarte waren, sind wir abgefahren und waren um ca. 8 Uhr morgens wieder am Lucknerhaus, gerade rechtzeitig zum Frühstücken. Als wir mit dem Frühstücken fertig sind, sagt Julius zu mir: „Karl, um 8 Uhr morgens kann man keinen Skitourentag beenden, wir müssen nochmal auffellen und zum Kaffeetrinken auf die Stüdlhütte steigen." Das haben wir dann auch gemacht. Mit dieser dritten Skitour innerhalb von 24 Stunden bewältigten wir in Summe 2800 Höhenmeter. Und was haben wir am nächsten Tag gemacht? Eine Skitour aufs Böse Weibl!

Inzwischen habe ich mit Julius schon mehrere hundert Bergtouren gemacht und hoffe, dass noch viele folgen werden.

Karl Seidl

Rechts: Bild von der Skitour mit Julius auf den Weißen Knoten bei Sonnenaufgang
Seite 204/205: Bild von der Figerhornskitour mit Julius bei Sonnenuntergang

Links: Blick von der Adlersruhe bei Sonnenaufgang

Die Drucklegung dieses Werkes wurde unterstützt
durch die Abteilung Kultur im Amt der Tiroler Landesregierung.

Nachhaltige Produktion ist uns ein Anliegen; wir möchten die Belastung unserer Mitwelt so gering wie möglich halten.
Über unsere Druckereien garantieren wir ein hohes Maß an Umweltverträglichkeit: Wir lassen ausschließlich auf FSC®-Papieren
aus verantwortungsvollen Quellen drucken, verwenden Farben auf Pflanzenölbasis und Klebestoffe ohne Lösungsmittel.
Wir produzieren in Österreich und im nahen europäischen Ausland, auf Produktionen in Fernost verzichten wir ganz.

2022
© Verlagsanstalt Tyrolia, Innsbruck
Umschlaggestaltung: Tyrolia-Verlag unter Verwendung eines Bildes von Karl Seidl
Layout und digitale Gestaltung: Studio HM, Hall in Tirol
Alle Bilder stammen von Karl Seidl, ausgenommen Seite 6: Edith Tembler
Druck und Bindung: DZS-Grafik, Slowenien
ISBN 978-3-7022-4070-7
E-Mail: buchverlag@tyrolia.at
Internet: www.tyrolia-verlag.at

DER FOTOGRAF

KARL SEIDL, geboren 1959, hat an der Technischen Universität München Informatik studiert und in seinem Berufsleben grafische Informations- und Einsatzleitsysteme entwickelt. Seit seinem Ruhestand lebt er unter anderem in Matrei in Osttirol und widmet sich ganz der Naturfotografie. Er ist Buchautor sowie Mitglied der GDT Gesellschaft für Naturfotografie e. V. (Leiter der Regionalgruppe München-Südbayern). Mehr über ihn unter: www.karlseidl.de

DER AUTOR

BERND LENZER, geb. 1974 in Lienz, aufgewachsen und wohnhaft in Virgen, war jahrelang Redakteur für den „Osttiroler Bote" und für „Dolomitenstadt", seit 2013 ist er für die Öffentlichkeitsarbeit der Stadtgemeinde Lienz zuständig. Erholung und Ruhe findet der ehemalige Nationalpark-Ranger und Buchautor in der traumhaften Natur seiner Heimat.